Um baú de símbolos na sala de aula

EUNICE SIMÕES LINS GOMES

Um baú de símbolos na sala de aula

Dados Internacionais de Catalogação na Publicação (CIP)
(Câmara Brasileira do Livro, SP, Brasil)

Gomes, Eunice Simões Lins
  Um baú de símbolos na sala de aula / Eunice Simões Lins
Gomes. – 1. ed. – São Paulo : Paulinas, 2013.

  ISBN 978-85-356-3531-7

  1. Educação - Filosofia   2. Imaginação   3. Imaginário
4. Prática de ensino   5. Sala de aula - Direção   6. Simbolismo
I. Título.

13-04985   CDD-370.1

Índice para catálogo sistemático:

1. Imaginário e educação   370.1

1ª edição - 2013

Direção-geral: *Bernadete Boff*
Editora responsável: *Luzia M. de Oliveira Sena*
Copidesque: *Ana Cecilia Mari*
Coordenação de revisão: *Marina Mendonça*
Revisão: *Sandra Sinzato*
Gerente de produção: *Felício Calegaro Neto*
Capa: *Egivanildo Tavares da Silva*
Diagramação: *Telma Custódio*

Nenhuma parte desta obra poderá ser reproduzida ou transmitida
por qualquer forma e/ou quaisquer meios (eletrônico ou mecânico,
incluindo fotocópia e gravação) ou arquivada em qualquer sistema ou
banco de dados sem permissão escrita da Editora. Direitos reservados.

Paulinas
Rua Dona Inácia Uchoa, 62
04110-020 – São Paulo – SP (Brasil)
Tel.: (11) 2125-3500
http://www.paulinas.org.br – editora@paulinas.com.br
Telemarketing e SAC: 0800-7010081
© Pia Sociedade Filhas de São Paulo – São Paulo, 2013

A imaginação não é, como sugere a etimologia,
a faculdade de formar imagens da realidade;
é a faculdade de formar imagens que ultrapassam
a realidade, que cantam a realidade.
É uma faculdade sobre-humanidade.

Gaston Bachelard

Ao fruto do meu ventre,
Eva Maria Lins Silva, minha moça-menina;
a Pedro Lins Silva (*in memoriam*), meu pássaro;
a Ábner Lins Silva, meu menino-rapaz,
a quem amo imensamente.

Sumário

Introdução 11

1. Os fios da imaginação 19

2. As imagens na Teoria Geral do Imaginário 29

3. A abertura do baú 43

4. A descrição imagética 55

Considerações finais 67

Referências 69

Introdução

Neste livro, aprofundaremos nossos estudos sobre a atividade da imaginação simbólica proposta por Gilbert Durand (1988). Como proposição fundamental, sugerimos um método didático-pedagógico que denominamos "um baú de símbolos na sala de aula", com o intuito de explorar e motivar a imaginação dos educandos, a partir da utilização de um baú contendo objetos que suscitem sentidos simbólicos. Não por acaso, o baú com o qual desenvolveremos nossa proposta também tem aqui um apelo simbólico, uma vez que consideramos que o universo do imaginário, pouco explorado na sala de aula, deve ser vigorosamente perseguido pelos educadores, tal qual em contos de piratas em busca do tesouro escondido. O tesouro-imaginário, embora escondido, é extremamente atuante e mobilizador dos anseios, sejam estes dos educandos ou dos educadores.

Acreditamos que viver um símbolo e decifrar uma mensagem corretamente implicam uma abertura para o espírito e um acesso ao universal. Partindo do pressuposto de que "quem compreende um símbolo não só se abre para um mundo objetivo, mas ao mesmo tempo consegue sair de sua situação particular e alcançar uma compreensão do universal" (DURAND, 1988), entendemos que os símbolos têm uma maneira de fazer estalar a realidade imediata, ou seja, de suscitar algo ausente, e se constitui em uma representação que faz aparecer um sentido secreto. Construímos tal afirmação a partir da análise que efetuamos no último capítulo deste livro com os símbolos que foram retirados do baú e utilizados na sala de aula, através da técnica de ensino que ora propomos.

Entendemos que, para abordar o tema sobre a imaginação simbólica, é necessário aclarar, a princípio, a noção de imaginação e imaginário. A imaginação pode ser compreendida de dois modos: primeiro, como uma operação da mente, uma cognição que age evocando objetos conhecidos e, segundo, como uma faculdade de criar, é o próprio devaneio. Já o imaginário se manifesta nas culturas humanas através das imagens e símbolos, cuja função é colocar o homem em relação de significado com o mundo, com o outro e consigo mesmo. Nesse sentido, "o imaginário não é um simples conjunto de imagens que vagueia livremente na memória e na imaginação, ele é uma rede de imagens na qual o sentido é dado na relação entre elas" (GOMES-DA-SILVA; GOMES, 2010).

Este livro tem como objetivo apresentar uma técnica de ensino a ser utilizada pelos educadores de ensino religioso (ER) na sala de aula, motivando o educando a uma atividade simbólica, a fim de despertar-lhes lados mais ocultos, obscuros e – por que não

– desconhecidos, que se manifestam a partir do uso dos símbolos, em nosso caso, através da abertura do baú de símbolos que estaremos apresentando como técnica de ensino.

Apoiados em Durand (1988), esclarecemos que a consciência dispõe de duas maneiras de representar o mundo: de forma direta, tal como a própria coisa parece estar presente na mente, ou seja, "quando o objeto lhe é perceptível ou sensível" (CHAVES, 2000, p. 39), ou de forma indireta, quando o objeto não se pode apresentar à sensibilidade, sendo ele ausente, ou seja, "pela impossibilidade de reproduzi-lo fielmente, podendo tornar-se presente através de imagens" (CHAVES, 2000, p. 39).

No entanto, é possível considerar também que a consciência dispõe de diferentes graus da imagem, conforme ela seja uma cópia fiel da sensação ou simplesmente assinale o objeto, não se restringindo apenas à forma direta ou indireta.

Contudo, através desse dinamismo antagonista das imagens, seja de forma direta ou indireta, desconfiamos que seja possível: compreender as manifestações psicossociais da imaginação simbólica e sua variação no tempo; identificar a potencialidade que esta atividade simbólica e criativa desperta, a partir dos objetos encontrados dentro do baú, como uma forma de expressão do imaginário individual e, em seguida, perceber os vetores que ativam a função imaginante daquele que abre o baú e se identifica com o símbolo.

Portanto, ao contrário da estrutura do pensamento moderno, marcada pelo racionalismo positivista, que elimina o mito e minimiza o seu papel, encontramos na teoria do imaginário, proposta por Durand (2004), o equilíbrio entre razão e imaginação, e é nela que nos apoiamos para desenvolver nossa técnica de ensino, até porque projetamos as imagens numa total gratuidade, seja na forma epistemológica ou pedagógica.

Nesse sentido, entendemos que o imaginário não é um elemento secundário do pensamento humano, mas sua própria matriz. Essa função fantástica do imaginário acompanha os empreendimentos mais concretos da sociedade, modulando desde as ações sociais até a obra estética (GOMES-DA-SILVA; GOMES, 2010), pois, segundo Durand, "a razão e a ciência apenas unem os homens às coisas, mas o que une os homens entre si, no nível das felicidades e penas cotidianas da espécie humana, é essa representação afetiva porque vivida, que constitui o império da imagem" (1995).

Neste livro, sugerimos uma concepção ampliada do imaginário, a partir da relação entre educação e imaginário, apoiados em Wunenburger e Araujo (2006, p. 9), quando afirmam que "o imaginário consiste em uma instância mediadora, organizadora das experiências humanas".

Nesse sentido, estaremos revelando o papel formativo que as imagens assumem, ao aplicarmos a técnica "um baú de símbolos na sala de aula" e possibilitarmos a integração da dimensão cognitiva e simbólica, da razão e sensibilidade, do racional e simbólico, bem como ao ressaltarmos a função educativa da imaginação, entendida como faculdade que assume e constrói a coerência do ser, tece e projeta as imagens.

Assim, propomos esta técnica de ensino relacionando educação e imaginário, sendo o imaginário entendido mais que como uma categoria de análise propriamente dita, mas como uma característica inerente às diversas formas de conhecimento, uma vez que imaginar faz parte da própria condição do ser humano, pois, como nos afirma Freire (1996): "caberá ao educador, com sua prática exemplar, despertar o exercício da curiosidade em seu educando, e juntos, no processo educador/educando, assumirem uma postura epistemologicamente de curiosos". A partir desta relação, a sala de aula poderá ser constituída por um espaço mágico, em que a pedra fundamental seja a curiosidade do ser humano, a qual o motiva a perguntar, conhecer, atuar, reconhecer, revelar, enfim, despertar lembranças adormecidas.

Pensando nisso, sugerimos essa técnica ao educador de ensino religioso e esclarecemos que a construímos a partir de duas reflexões:

A primeira, a partir da proposta iniciada pelo professor João de Deus Vieira Barros,[1] da Universidade

---

[1] Professor doutor João de Deus Vieira Barros, da Universidade Federal do Maranhão (UFMA), é um sensível poeta, artista e educador, que vai em busca da dimensão simbólica com dois esteios teóricos: a Antropologia do Imaginário, de Gilbert Durand, e a Fenomenologia da Imagem Poética, de Gaston Bachelard, procurando encontrar, por trás das imagens que se mostram, aquelas que se ocultam, indo à própria raiz da força imaginante.

Federal do Maranhão (UFMA), que vem desenvolvendo um projeto de extensão universitária, desde 1998, denominado "Aula, voz e espetáculo" (AVE-UFMA), em que explora as relações da arte e do imaginário na educação, através de atividades práticas ou ações educativas, utilizando a aula-voz-espetáculo e a exposição de vários objetos. Numa tentativa de aprofundar os estudos sobre esta temática, não optamos por uma exposição dos objetos, mas sim colocamos vários objetos simbólicos dentro do baú, tais como vela, terço, livros e artigos considerados sagrados, bola de gude, dados, pião, relógio antigo, máquina fotográfica e outros, e em seguida fizemos um convite para que fosse aberto e livremente explorado.

A segunda é fundamentada por um dos campos do saber: "A Teoria Geral do Imaginário", sobretudo do imaginário num viés antropológico de Gilbert Durand (2001). Estaremos em busca da própria raiz da força imaginante que os objetos revelam, ao serem descobertos, tocados e verbalizados pelos educandos. Fazemos isso porque entendemos que o imaginário é capaz de penetrar e integrar a diversidade do humano, sendo esse imaginário aqui compreendido como um sistema dinâmico organizador de imagens e de símbolos (TEIXEIRA, 2004).

Para tanto, consideramos a integração entre razão e imaginação, pois o simbólico se inscreve de maneira profunda na alma humana, segundo Gomes (2009). Afirmamos isso porque suspeitamos que os objetos dentro do baú são capazes de despertar a imaginação simbólica e podem proporcionar a análise e interpretação das imagens do ponto de vista mítico-simbólico, das utopias e das metáforas que povoam o imaginário de cada educando, ao vislumbrar os objetos contidos no baú simbólico, uma vez que "o imaginar" faz parte da condição do existir.

Até porque, ao se trabalhar com a Teoria Geral do Imaginário, estaremos motivando uma nova forma de percepção, mas não mais pelo paradigma cartesiano da uniformidade dos conceitos, uma vez que essa teoria induz a pistas para uma construção pluri, trans e metadisciplinar, evidenciando o caráter basal que a linguagem simbólica possui.

O procedimento metodológico para a realização do estudo está fundado na pesquisa descritiva com abordagem qualitativa e tem como método a hermenêutica simbólica proposta por Durand, a partir da observação sensível dos fatos, sugerida por Bachelard (1997).

Ressaltamos que é de fundamental importância que o educador esteja atento ao cumprimento das quatro etapas de realização da técnica: a primeira é preparar o espaço físico; a segunda, abrir o baú com seus vários objetos simbólicos na sala de aula; a terceira, registrar as observações das imagens motrizes do observador (educador), a partir dos gestos realizados pelos educandos ao visualizarem os objetos distribuídos e se relacionarem com os mesmos, bem como notar o poder de escuta desse educador para captar o momento que envolve o contato com os objetos distribuídos; e na quarta, o educando faz um relato verbal do que sentiu quando olhou e/ou pegou o objeto.

Numa tentativa de transformar esta introdução num convite à leitura, partimos do pressuposto de que o ser humano só existe porque imagina, da mesma forma que somente imagina porque existe, ou seja, é nesse jogo de imaginar e imaginar-se que se constrói o conhecimento, seja através da arte, da ciência, da religião, do senso comum, ou de qualquer outra forma de apreensão e compreensão daquilo a que didaticamente chamamos de realidade (BARROS, 2008).

Assim, convidamos o leitor a adentrar este universo imaginativo de *Um baú de símbolos na sala de aula*, tendo como epicentro a nossa questão problema: Quais os afetos que as imagens provocam e de que maneira formam a ambiência simbólica na sala de aula?

Capítulo 1
Os fios da imaginação

O que ele era, esse cara tinha vindo de coisas
que ele ajuntava nos bolsos – por forma que pentes,
formigas de barranco, vidrinhos de guardar moscas,
selos, freios enferrujados etc. Coisas.
Que ele apanhava nas ruínas e nos montes de borra de mate
(nos montes de borra de mate crescem abobreiras,
debaixo das abobreiras sapatos e pregos engordam...)
de forma que recolhia coisas de nada,
nadeiras, falas de tontos, libélulas –,
coisas que o ensinavam a ser interior,
como silêncio nos retratos.

(*Manoel de Barros*, 2009)

Introduzimos nossa reflexão sobre os fios da imaginação, desejando que o educador de ensino religioso compreenda as duas maneiras de representar o mundo, juntamente com seus educandos, a partir da consideração de que o ser humano é um ser que imagina e que vive atribuindo significados às coisas. Fazemos tal afirmação a partir de Cassirer (2004), quando esclarece que *o homo simbolicus* é, por necessidade imperiosa de sua condição, um ser compulsivamente simbólico.

E é nessa compulsividade simbólica que, para criar significados, o ser humano, dentre as faculdades das quais é dotado, exerce a faculdade de dar sentido ao mundo e, assim, põe em atividade uma função da mente, que é a imaginação. Por outro lado, o ser humano também coloca em atividade outra faculdade humana, a razão, ou seja, o raciocínio que permite analisar, assim como compreender os fatos e a relação existente entre eles. Logo, imaginação e razão fazem parte desse cenário simbólico.

Nesse sentido, entendemos que a consciência dispõe de duas maneiras de representar o mundo: a primeira é através de uma imaginação reprodutora que age evocando objetos conhecidos de vivências passadas, a qual Durand chama imaginação direta, em que a própria coisa parece estar presente na mente, como, por exemplo, ao pronunciarmos a palavra casa, de imediato é possível representar a casa e remeter a algum modelo já criado. A segunda maneira é através da imaginação criadora, que se refere ao devaneio, à invenção de outras imagens, à criação de fantasias, que são construídas por combinação ou síntese de imagens, e que Durand chama de imaginação indireta: "onde o objeto é re-(a)presentado à consciência por uma imagem, no sentido amplo do termo" (DURAND, 1988, p. 12).

Assim, é possível compreender que as imagens que se formam estão cheias de sentido, e é por isso que buscamos, através dessa técnica de ensino que ora propomos, evocar as imagens que fazem parte do baú de símbolos na sala de aula, bem como o sentido que elas possuem, seja de forma direta e/ou indireta.

Entendemos que a imagem é um composto de características visuais e que se pode abrir infinitamente a uma descrição, a uma inesgotável contemplação, segundo Durand (1988), pois todo pensamento humano é representação e passa pelas articulações simbólicas. Afirmamos isso por entendermos que a imaginação desempenha na espécie humana um papel essencial, no que diz respeito à adaptação vital, à criação de um meio cultural. Segundo Araujo e Baptista (2003),

> O *Homo Sapiens* conquistou sem dúvida a sua humanidade por meio de um diálogo ininterrupto entre uma inteligência adaptativa que recorre à criação de ideias abstratas e por meio de um psiquismo imaginante que substitui o real pela sua representação mimética, que antecipa ações através de uma imagem projetiva, que brinca com as formas fictícias e, sobretudo, retira devaneios despertos dos seus sonhos noturnos.

Neste contexto, consideramos que o imaginário de cada indivíduo está enraizado numa bio-história pessoal (temperamento, caráter, estrutura pulsional, fantasias arcaicas) que lhe proporciona a sua idiossincrasia, e é igualmente levado a expandir-se, a renovar-se por meio de processos de simbolização que o fazem participar na totalidade do mundo (natureza e cultura).

É esta articulação da introversão e da extroversão, do passado e do futuro, é esta composição dos níveis de imagens que Durand junta ao tratar do termo trajeto antropológico, que estaremos esclarecendo, no próximo capítulo.

Dessa forma, almejamos que a técnica "um baú de símbolos na sala de aula", ora apresentada, possa proporcionar a recuperação imagética dos objetos, remetendo a um imaginário, a uma história, a uma época ou tempo, desde que seja aplicada cumprindo cada etapa proposta e desenvolvendo bem as três faculdades essenciais: olhar, ouvir e escrever, ou seja, registrar o que a imagem evocou, tal como descreveremos no terceiro capítulo.

Portanto, acreditamos que a dimensão simbólica não sugere coisas a fazer e, sim, propõe coisas a imaginar a respeito das possíveis redes de significações que cada pessoa associa a seu cotidiano, imprimindo-lhe aquilo que não é expresso com palavras, sinais ou gestos.

Nesse sentido, compreendemos que a posição das imagens em uma trama, em nosso caso dentro do baú, demonstrando a relação entre os símbolos, pode de alguma forma possibilitar o conhecimento dos mecanismos imaginários, "o que permite visualizar as inúmeras e grandes constelações de imagens que se circunscrevem e possibilita identificar a estrutura do imaginário", segundo Loureiro (2004, p. 20).

Assim, nesta trilha de representações está constituída "a imaginação simbólica, cujo símbolo refere-se não a um significado, mas a um sentido" (CHAVES, 2000, p. 39). Nesse sentido, o símbolo retirado de dentro do baú evoca algo ausente ou impossível de ser percebido, considerando o símbolo como uma representação que faz aparecer um sentido secreto, ou seja, "o símbolo é a epifania de um mistério" (DURAND, 1988).

Então, chegamos ao que chamamos de imaginação simbólica, ou seja, a transfiguração de uma representação concreta através de um sentido para sempre abstrato, e o baú de símbolos, fechado ou aberto, de certo modo já suscita esta imaginação, este sentido secreto, este mistério. Uma vez que é na imaginação simbólica que o símbolo consegue transbordar um universo sensível e se manifestar, repetindo de forma incansável o ato epifânico.

Logo, percebemos que a função de simbolizar é uma propriedade do ser humano enquanto animal simbólico que é, uma vez que é por meio dos símbolos que os humanos norteiam comportamentos, projetam sonhos e concebem valores. É nessa trama simbólica que o indivíduo busca dar sentido a sua vida, modificando, construindo, criando e simbolizando, ou seja, fazendo uso da imaginação.

Assim, consideramos que o símbolo possui vida, isto é, possui uma duração. Ele nasce da necessidade de uma expressão que é maior do que as palavras disponíveis, "a sua duração sobrevive durante todo o período em que é alimentado, a partir do momento em que perde o sentido, o seu significado não representa mais o que representou, e acontece a sua morte" (NASSER, 2006, p. 23).

Segundo Eliade (2002), uma característica essencial do símbolo é a sua multivalência, ou seja, a capacidade que possui de expressar simultaneamente um número de significados cuja relação não é manifesta no plano da experiência imediata. Isto se torna evidente ao se abrir o baú de símbolos na sala de aula, pois, quando os educandos se deparam com os diversos símbolos ali presentes – tais como símbolos religiosos (terço, véu, velas, castiçal, livro sagrado e outros), símbolos grupais (a camisa de um partido político ou de um time de futebol, o uniforme de uma escola ou o crachá de alguma empresa), símbolos individuais (bola de gude, brinquedos que remetem à infância, diário, uma seringa de injeção, uma embalagem de chocolate, uma chave), símbolos familiares (a toalha de mesa que ganhou da mãe quando se casou, uma imagem ou medalha de algum santo ou santa que recebeu dos pais quando saiu de casa para ir residir em outro local) –, percebem que, no momento em que retiram o símbolo e começam a manipulá-lo, ele aos poucos começa a evocar imagens adormecidas e a revelar inúmeros significados e sentidos, apresentando sua multivalência.

A partir dessas considerações, construímos o fio da nossa imaginação, partindo do pressuposto de que o mundo fala ou revela a si mesmo através de símbolos, permitindo ao ser humano encontrar a unidade no mundo e, ao mesmo tempo, descobrir seu próprio destino como parte integrante daquele (ELIADE, 1991).

Assim, acreditamos que seja possível abrir o baú de símbolos na sala de aula e desenvolver a técnica evocando imagens adormecidas, despertando os educandos e educadores do ensino religioso a desenvolverem as duas maneiras de representar o mundo, ou seja, de dar sentido ao mundo, de imaginar.

No capítulo seguinte, trataremos das imagens na Teoria Geral do Imaginário, proposta por Gilbert Durand, ou seja, apresentaremos de forma sucinta a Teoria do Imaginário.

Mas, para que o educador possa desenvolver a técnica de ensino "um baú de símbolos na sala de aula", faz-se necessário atentar para cada uma das etapas essenciais que apresentaremos, a fim de se obter um resultado satisfatório.

Atividade 1

1. Escolher um símbolo e, primeiramente, descrevê-lo de forma direta e, em seguida, fazer o mesmo só que de forma indireta. Por último, registrar as imagens evocadas com esse símbolo.

Referências sugeridas

ARAUJO, Alberto Filipe; BAPTISTA, Fernando Paulo. *Variações sobre o imaginário*; domínios, teorizações e práticas hermenêuticas. Lisboa: Instituto Piaget, 2003.

BARROS, Manoel. *O guardador de águas*. 6. ed. Rio de Janeiro: Record, 2009.

CASSIRER, Ernest. *A filosofia das formas simbólicas*. São Paulo: Martins Fontes, 2001-2004. 3. v.

CHAVES, Iduina Mont'Alverene. *Vestida de azul e branco como manda a tradição*; cultura e ritualização na escola. Niterói/RJ: Quartet/Intertexto, 2000.

DURAND, Gilbert. *A imaginação simbólica*. Trad. Eliane Fitipaldi Pereira. São Paulo: Cultrix, 1996.

ELIADE, Mircea. *Imagens e símbolos*; ensaio sobre o simbolismo mágico-religioso. Trad. Sonia Cristina Tamer. São Paulo: Martins Fontes, 1991.

GOMES-DA-SILVA, Pierre Normando; GOMES, Eunice Simões Lins. *Malhação*; corpo juvenil e imaginário pós-moderno. João Pessoa/PB: Editora UFPB, 2010.

LOUREIRO, Altair Macedo Lahud (org.). *O velho e o aprendiz*; o imaginário em experiências com o AT-9. São Paulo: Zouk, 2004.

NASSER, Maria Celina Cabrera. *O uso de símbolos*; sugestões para a sala de aula. São Paulo: Paulinas, 2006. (Coleção Temas do Ensino Religioso.)

PITTA, Danielle Perin Rocha. *Iniciação à teoria do imaginário de Gilbert Durand*. Rio de Janeiro: Editora Atlântica, 2005.

TEIXEIRA, Maria Cecilia Sanchez. *Entre o real e o imaginário*; processos simbólicos e corporeidade. Rio de Janeiro: Espaço Informativo Técnico-Científico do INES, 2004.

WUNENBURGER, Jean-Jacques; ARAUJO, Alberto Filipe. *Educação e imaginário*; introdução a uma filosofia do imaginário educacional. São Paulo: Cortez, 2006.

Capítulo 2

As imagens na Teoria Geral do Imaginário

A nossa proposta neste capítulo é apresentar, de forma introdutória, algumas noções sobre a Teoria Geral do Imaginário, de Gilbert Durand, bem como falar de sua relevância para se trabalhar em sala de aula, com o uso dos símbolos.

No entanto, esclarecemos que, para se estudar a teoria, se faz necessário consultar a vasta obra desse autor, como também dos demais pesquisadores que a complementaram com novas proposições, dos quais estaremos fazendo algumas referências no final do capítulo. Portanto, o nosso objetivo é descrever de forma sucinta como se apresenta essa Teoria Geral do Imaginário.

Partimos do princípio de que "o pensamento ocidental e a filosofia francesa têm por constante tradição desvalorizar ontologicamente a imagem e psicologicamente a função da imaginação" (DURAND, 2001, p. 20). Desse modo, o autor faz uma crítica ao modo como vem sendo prejudicada a compreensão dos estudos sobre a imagem, bem como o imaginário, no pensamento ocidental clássico, reduzindo a imaginação à percepção ou lembrança da memória, como nos firma Teixeira (2000), o que em certa medida respaldou um modelo global e totalitário, proporcionando um "pensamento sem imagem". Porém, Gilbert Durand (2004) destaca que, por trás da fachada hipócrita do iconoclasmo oficial, o mito continuou a proliferar de forma clandestina, graças à expansão literalmente fantástica da mídia, que reinstalou a imagem no uso cotidiano do pensamento.

Portanto, ao eleger o mítico como as imagens fundantes da sociedade, Durand (1982) evidencia o grande paradoxo da modernidade que, ao mesmo tempo que recusava a imagem em proveito da razão, era incessantemente assediada por ela. Partindo deste pressuposto, é possível perceber que atualmente vivemos em uma "civilização de imagens" (DURAND, 2004). O imaginário e o simbólico vêm ocupando um lugar de destaque na cena social, seja através da pintura, da música, da poesia, da dança, do cinema, ou da arte.

Segundo Durand (2001), a integração entre razão e imaginação será mais bem compreendida se utilizarmos epistemologicamente a noção de polaridade que ele desenvolve, quando elabora a sua teoria, e estrutura nos dois regimes do imaginário, o diurno e o noturno. Assim, é possível mostrar o dinamismo do imaginário, entendido como um sistema dinâmico organizador de imagens. Nesse sentido, não existe a separação entre razão e imaginação, pois o simbólico se inscreve de maneira profunda na alma humana.

Na Teoria Geral do Imaginário, o trajeto antropológico, segundo Durand, consiste na "incessante troca que existe ao nível do imaginário entre as pulsões subjetivas e assimiladoras do indivíduo e as intimações objetivas que emanam do meio cósmico e social" (2001, p. 41).

Portanto, como afirmamos anteriormente, o imaginário não é um simples conjunto de imagens que vagueiam livremente na memória e na imaginação. Ele é uma rede de imagens na qual o sentido é dado na relação entre elas; as imagens organizam-se com certa lógica e estruturação, de modo que a configuração mítica do nosso imaginário depende da forma como arrumamos nele nossas fantasias. É dessa configuração que decorre o nosso poder de melhorar o mundo, recriando-o, cotidianamente, pois o imaginário é o denominador fundamental de todas as criações do pensamento humano (DURAND, 2001).

Entretanto, ao longo de sua obra, Gilbert Durand descreve que a imaginação é a reação da natureza contra a representação da inevitabilidade da morte. O desejo fundamental buscado pela imaginação humana é reduzir a angústia existencial em face da consciência do tempo e da morte (GOMES-DA-SILVA; GOMES, 2010).

Logo, é para fugir da representação da morte que a imaginação cria o mundo, e assim, quando o ser humano exerce esta faculdade de imaginar, que lhe é própria, ele estará dando sentido ao mundo (PITTA, 2005).

Para Durand, o imaginário é um dinamismo equilibrador que se apresenta como a tensão entre duas "forças de coesão", que são os dois regimes, o diurno e o noturno. O diurno é o regime da antítese, em que os monstros hiperbolizados são combatidos por meio de símbolos antitéticos: as trevas são combatidas pela luz e a queda pela ascensão. E o noturno é o regime da antífrase, que está constantemente sob o signo da conversão e do eufemismo, invertendo radicalmente o sentido afetivo das imagens.

Logo, há dois regimes do imaginário, um diurno e outro noturno, abrangendo as estruturas de sensibilidade heroica, mística e dramática, segundo Ferreira-Santos e Almeida (2012, p. 19). Cada um dos regimes relacionará as imagens em universos antagonistas: heroico para o regime diurno, que se acomoda, no estado médio e normal da atividade psíquica; místico e dramático/sintético para o regime noturno. Neste, as imagens antagonistas conservam a sua individualidade, a sua potencialidade, e só se reúnem no tempo, na linha narrativa, num sistema, e não propriamente numa síntese (DURAND, 2001). No entanto, é importante lembrar que, para Durand, esses polos devem ser considerados sempre como linhas de força de coesão e jamais como tipologias psicológicas ou sociológicas.

Durand estrutura a sua teoria em dois regimes, o diurno e o noturno, que se aglutinam no imaginário, em torno de núcleos organizadores da simbolização. E estes núcleos são polarizados, portanto, em cada núcleo ou polo existe uma força homogeneizante, ordenadora de sentido – seja, de um lado, heroico (regime diurno), seja, de outro lado, místico e dramático (regime noturno) –, que, de certo modo, vai organizando semanticamente as imagens, configurando-as, miticamente, em três estruturas, gestos ou reflexos, que gravitam em torno de três estruturas: postural, digestiva e copulativa, que são dadas pela reflexologia, ou seja, pelos reflexos primordiais. Para isso, é preciso lembrar que a base do pensamento de Durand (2001, p. 54) assenta-se na Escola Reflexológica de Betcherev (1933) e Kostyleff (1947) e que para esta escola existe uma estreita concomitância entre os gestos do corpo, os centros nervosos e as representações simbólicas. Assim, é possível perceber a classificação tripartida dos símbolos através das estruturas ou dominantes reflexas (postural, digestiva e copulativa), que estaremos descrevendo separadamente. Desse modo, é através desta classificação das imagens que poderemos compreender os sentidos simbólicos.

O primeiro gesto, ou dominante postural, responsável pelos demais reflexos, está ligado à verticalização e exige as matérias luminosas, as técnicas de separação, de purificação, de armas, flechas e gládios. É o esquema heroico que põe em ação imagens e temas de luta. É a antítese (do herói contra o monstro, do bem contra o mal, da vida e morte).

Este primeiro gesto ou reflexo remete ao regime diurno do imaginário, ao estado de vigília, com armas prontas para combater de duas maneiras, conforme Durand denomina: "as faces do tempo" e "o cetro e o gládio". É interessante perceber que o levantar-se, a posição postural, será na maior parte dos casos acompanhado de um simbolismo do pai, com todas as implicações heroicas, em prontidão, em pé, segundo esse mesmo autor (2001, p. 56).

Já o segundo gesto está ligado à dominante de nutrição ou digestiva, ou seja, implica as matérias da profundidade, a deglutição, o colocar para dentro, engolir. Estes gestos aparecem no recém-nascido nos reflexos de sucção labial e de orientação correspondente à cabeça. "Estes reflexos são provocados por estímulos externos ou pela fome, e está ligado ao prazer de engolir, à descida do alimento, à noção de profundidade, da digestão viscosa e lenta no interior do corpo", como nos assegura Ferreira-Santos e Almeida (2012, p. 39).

Desse modo, estes gestos implicam as matérias da profundeza e remetem ao imaginário de "repouso, intimidade, união, aconchego, acomodação, refúgio, envolvimento, despertando simbolismos representados pela água, caverna, noite, mãe, morada, utensílios continentes e recipientes como taças, cofres etc." (TEIXEIRA, 2000, p. 33).

Assim, este segundo reflexo da dominante de nutrição ou digestiva aparece simbolicamente "subsumindo as técnicas do continente e do hábitat, os valores alimentares e digestivos, a sociologia matriarcal e alimentadora" (DURAND, 2001, p. 58).

Neste reflexo está presente o esquema místico (incluir), com suas imagens assimiladoras. O que remete ao regime noturno das imagens, voltado ao eufemismo, ou seja, acontece uma inversão do aspecto negativo das imagens, ao invés de combater com a arma na mão, em pé, como na posição postural, aqui isso acontece se empenhando em fundir, em harmonizar. [...] ao invés da luminosidade transparente, temos a opacidade das substâncias, aqui o ventre, o acolhimento. Como nos afirma Ferreira-Santos e Almeida (2012):

> A face trágica do tempo é minimizada pela negação ou pela inversão do valor afetivo a ele atribuído, pois a intenção é construir um todo harmonioso, onde a angústia e a morte não tenham lugar. Para isso, a imaginação utiliza-se da eufemização (a noite não é mais trevas nefastas, mas apenas sucessão do dia). O antídoto do tempo é buscado na intimidade e no aconchego.

No terceiro reflexo, temos os gestos rítmicos, que é a dominante copulativa, remetendo ao imaginário da conciliação de intenções entre a luta e o aconchego, "contendo imagens que expressam, ao mesmo tempo, tal dualidade, despertando simbolismos representados pela árvore, roda, fogo, cruz, lua, estações da natureza, ciclo vital, progresso ou declínio", como nos afirma Teixeira (2000, p. 33). E temos também "toda a fricção tecnológica pela rítmica sexual", como nos afirma Durand (2001, p. 55).

Neste gesto, identificamos o esquema sintético (dramatizar) que une as imagens divergentes, integrando-as numa ação. É como se fosse o heroico e o místico juntos, a coexistência de ambos os regimes. Em certo sentido, esta estrutura "reconcilia temporalmente a antinomia medo/esperança e alterna, com valorizações negativas e positivas, imagens trágicas e triunfantes" (FERREIRA-SANTOS; ALMEIDA, 2012, p. 27). A noite é propedêutica necessária ao dia, promessa de aurora.

Assim, a partir destes três esquemas, destas três estruturas ou tripartição dos gestos nesse processo dinâmico da reflexologia, numa sociedade, encontram-se sempre confrontados os dois regimes de imagens: o diurno e o noturno. Um sobredeterminando o outro, ditando uma sintaxe e uma lógica que fundamentam a mentalidade dominante.

O primeiro regime da imagem é o diurno, definindo-se como o regime da antítese, da imaginação heroica. Este regime atrai as imagens e temas de luta do herói, do guerreiro contra o monstro, do bem contra o mal, da luz e das trevas. Nele encontramos duas grandes partes: "as faces do tempo" e "o cetro e o gládio".

A primeira parte, "as faces do tempo", consagrada ao fundo das trevas, sobre o qual se desenha o brilho vitorioso da luz, se manifesta com três símbolos: primeiro temos o símbolo teriomórfico, que lembra as imagens do simbolismo animal terrível e angustiante, como as manifestações do formigamento, ou seja, da agitação e da mordicância, com seu aspecto terrificante e monstruoso, com a boca aberta, cheia de dentes para devorar. Para exemplificar isso, recordamos as imagens amedrontadoras da grande onda de *tsunami* devorando, tragando vidas.

Em seguida, temos o segundo símbolo, o nictomórfico, com suas imagens das trevas e estados de depressão que se referem à noite, à água escura e estagnada, à cegueira, às inundações.

E por último, temos o símbolo catamórfico, que remete às imagens da queda assustadora, à epifania imaginária da angústia humana, diante da temporalidade.

No entanto, devido à impossibilidade de encarar o desconhecido e os perigos que ele pode representar, o imaginário cria imagens nefastas da angústia, que são expressas nos símbolos, sejam estes teriomórficos, nictomórficos ou catamórficos. E, para enfrentá-las, o homem vai desenvolver duas atitudes imaginativas básicas, que são correspondentes aos dois regimes de imagens, o diurno e o noturno (TEIXEIRA, 2000).

A segunda parte, "o cetro e o gládio", aparece despontando com a reconquista das valorizações negativas da primeira parte, que se apresenta muito angustiante. Ou seja, para reduzir a angústia, o desejo fundamental buscado pela imaginação humana se manifesta com o esquema ascensional, ou seja, com os símbolos de elevação, a verticalidade. Remete ao imaginário de luta, de purificação, despertando simbolismos representados pela luz, asa, escada, espada, flecha, gládio e cetro.

A ascensão, a subida, vai ser imaginada contra a queda, e a luz vai ser imaginada contra as trevas. Nesse sentido "o combate se cerca mitologicamente de um caráter espiritual, ou mesmo intelectual, porque estas armas simbolizam a força da espiritualização e de sublimação", conforme Durand (2001, pp. 158-161). Então o regime diurno suscita ações e temas de luta e fuga diante do tempo ou da vitória sobre o destino e a morte.

O segundo regime da imagem é o noturno, definindo-se como o regime do pleno eufemismo, que se vai empenhar em fundir e harmonizar, para poder exorcizar os ídolos mortíferos de Cronos, ou seja, do tempo e da morte, através de duas atitudes imaginativas: a primeira, Durand chama de "a descida e a taça", que são os símbolos da inversão, do valor afetivo, com a intensão de construir um todo harmonioso, em que a angústia e a morte não tenham lugar. Desse modo, a imaginação utiliza-se da eufemização, como, por exemplo, a noite não é mais trevas e, sim, uma sucessão para o dia; a morte é repouso, descanso; a casa é lugar de aconchego. Assim, os símbolos da intimidade, como, por exemplo, o túmulo, a moradia, a taça, surgem para inverter e sobredeterminar a valorização da própria morte e sepulcro (DURAND, 2001, p. 236).

A segunda atitude imaginativa Durand chama de "o denário e o pau", que são os símbolos cíclicos, em que encontramos uma constelação de símbolos que gravitam em torno do domínio do próprio tempo. Ou seja, o drama temporal é desarmado dos seus poderes maléficos pela busca de um fator de constância na fluidez do tempo, pela incorporação, na sua inelutável movência, das securizantes figuras do ciclo, como nos afirma Teixeira (2000). Exemplificando, podemos lembrar que a noite é propedêutica, é necessária ao dia, é uma promessa de aurora. Assim, esta atitude imaginativa põe em evidência as valorizações positivas e negativas do tempo. Desse modo, o regime noturno se caracteriza por inverter os valores simbólicos do tempo, logo, não existe mais o combate, como no regime diurno e, sim, a assimilação.

No sentido etmológico, o termo símbolo origina-se do grego *symbolon*, que significa sinal de reconhecimento, combinação de duas metades (*symbalein*: juntar, reunir), conforme nos afirma Kast (1992). No entanto, Durand compreende a função simbólica como lugar de passagem, de reunião de contrários, pois, para ele, o símbolo em sua essência é unificador de pares opostos (1988), o que fica evidente nos regimes diurno e noturno. Desse modo, o símbolo é um signo concreto que evoca, através de uma relação natural, algo ausente ou impossível de ser percebido, ou seja, remete a um significado invisível e indizível. O símbolo se refere ao não sensível, em todas as suas formas; o símbolo é um sinal visível de uma realidade invisível (GOMES-DA-SILVA; GOMES, 2010).

O símbolo, e o que nele está representado, tem, portanto, uma conexão interna que não pode ser desfeita, por isso possui algo mais que um sentido artificialmente dado. Ele é, então, mediação que traz em si a presença inelutável do sentido, por isso a imagem, por mais degradada que possa parecer, é sempre portadora de um sentido que não deve ser procurado fora da sua significação imaginária (DURAND, 1988).

Para Durand (1988), há uma energia simbólica que percorre todo o trajeto antropológico, razão pela qual a imaginação se revela como fator geral de equilíbrio psicossocial, pois uma sociedade nunca é absolutamente homogênea em termos de representação; há elementos irredutíveis, ilhas de sobrevivência de outros imaginários. O equilíbrio sócio-histórico de uma sociedade nada mais é do que uma constante realização simbólica; a cada momento de uma cultura, vários mitos se superpõem, sendo que alguns são atualizados, enquanto outros permanecem potencializados, obrigados a permanecer na sombra. Um sistema imaginário sociocultural destaca-se sempre sobre um conjunto mais vasto e contém conjuntos mais restritos.

Numa perspectiva das polaridades, é possível identificar uma cumplicidade entre os dois regimes de imagens, que tentam se equilibrar um através do outro. Durand (1988) fala em uma espécie de conivência entre eles, que faz existir um pelo outro, ou seja, cada termo antagonista tem necessidade do outro para existir e se definir.

Atividade 2

1. A partir do texto lido, descrever qual a sua compreensão sobre o imaginário.
2. De acordo com a tripartição dos gestos, qual o gesto predominante para o regime diurno? Dar exemplos.
3. Como o regime noturno se apresenta? Qual sua compreensão sobre o eufemismo, tão presente no regime noturno. Exemplificar.

Referências sugeridas

BETCHERREV, W. *General principles of human reflexology*. Londres, 1933.

DURAND, Gilbert. *A imaginação simbólica*. Trad. de Eliane Fittipaldi Pereira. São Paulo: Cultrix, 1988.

_____. *O imaginário*; ensaio acerca das ciências e da filosofia da imagem. Trad. Renée Eve Levié. 3. ed. Rio de Janeiro: Difel, 2004.

_____. *As estruturas antropológicas do imaginário*; introdução à arquetipologia geral. Trad. Hélder Godinho. 2. ed. São Paulo: Martins Fontes, 2001.

_____. *Mito, símbolo e metodologia*. Trad. Helder Godinho e Vitor Jabouille. Lisboa: Editora Presença, 1982.

FERREIRA-SANTOS; Marcos; ALMEIDA, Rogério. *Aproximações ao imaginário*; bússola de investigação poética. São Paulo: Editora Kepos, 2012.

GOMES-DA-SILVA, Pierre Normando; GOMES, Eunice Simões Lins. *Malhação*; corpo juvenil e imaginário pós--moderno. João Pessoa: Editora UFPB, 2010.

KAST, Verena. *Sísifo, a mesma pedra, um novo caminho*. São Paulo: Cultrix, 1992.

KOSTYLEFF, N. *La reflexologie*. Essai d'une psychologie structurale. Delachaux, Paris, 1947.

PITTA, Danielle Perin Rocha. *Iniciação à teoria do imaginário de Gilbert Durand*. Rio de Janeiro: Editora Atlântica, 2005.

TEIXEIRA, Maria Cecilia Sanchez; ARAUJO, Alberto Filipe. *Discurso pedagógico, mito e ideologia*; o imaginário de Paulo Freire e de Anísio Teixeira. Rio de Janeiro: Quartet, 2000.

_____. *Gilbert Durand*; imaginário e educação. Niterói: Intertexto, 2011.

Capítulo 3

A abertura do baú

O espaço mágico

Neste capítulo, apresentaremos a técnica de ensino, bem como suas etapas de construção, a ser utilizada pelos educadores do ensino religioso. Como também ressaltaremos a relevância da sala de aula para os educandos, principalmente quando a adentrarem. Portanto, é necessário que este espaço seja planejado antecipadamente pelo educador responsável. Dessa forma, é imprescindível que ele desenvolva algumas ações para preparar a sala de aula antecipadamente, de forma que crie todo um suspense, uma curiosidade e desperte a imaginação dos educandos, antes mesmos de eles entrarem nessa sala, para que em seguida se dê a abertura do baú simbólico.

Uma boa sugestão é iniciar a técnica utilizando o espaço de forma simbólica, como, por exemplo, distribuir as cadeiras em forma de círculo, partindo do princípio de que o círculo é um símbolo do poder criativo do universo, pois não tem início nem fim e reporta-se à continuidade, ao processo cíclico. O círculo se constitui em um símbolo universal, ou seja, o arquétipo da totalidade. E já que estamos trabalhando com símbolos, usaremos a metáfora do círculo, e assim, como nos afirma Durand (2001), estaremos despertando simbolismos da dominante copulativa, com seus gestos rítmicos, remetendo ao imaginário da conciliação de intenções de luta e aconchego.

Sugerimos as cadeiras em forma de círculo por dois motivos: além de ser uma disposição útil para obter as informações e o registro das observações a serem efetuadas pelo educador durante a abertura do baú; esta estrutura proporciona um clima de receptividade e facilita a participação operativa e efetiva de todos.

Primeiramente, faz-se necessário separar uma quantidade de cadeiras que seja suficiente para o número de educandos. Em seguida, devem-se dispor as cadeiras de modo a criar um círculo, e estas têm de ficar viradas para dentro deste círculo. No centro, deverá ser colocada a mesa e, em cima desta, o baú ainda fechado, a fim de que todos obtenham uma boa visualização, no momento em que ele for aberto. Se, por acaso, o número de educandos ultrapassar o círculo formado, dever-se-á construir um outro círculo dentro dele, sendo que a mesa tem de permanecer no centro.

O educador solicitará que os educandos fiquem ao redor da mesa, se aproximem do baú, e que, no momento em que ele for aberto, cada um pegue um objeto. Depois de tocá-lo, olhá-lo e senti-lo, deverão, então, descrever por escrito o que o objeto representa. Em seguida, cada um irá ler, de forma audível, o que escreveu. Este momento é decisivo para que o educador consiga responder nossa questão problema: Que afetos os objetos colocados dentro do baú, que são simbólicos, provocam e de que maneira formam a ambiência simbólica na sala de aula?

Desse modo, alertamos ao educador que, durante a abertura do baú, esteja bastante atento e seja portador de um caderno ou diário de campo para efetuar o registro desse momento, tal como será esclarecido mais adiante.

A magia dos objetos

Observamos que os objetos que se encontram dentro do baú têm um valor simbólico, não são objetos quaisquer, soltos, sem sentido. Esclarecemos que os objetos, ao serem colocados ali de forma diversificada, se apresentam como um símbolo que pode trazer à tona significados ausentes ou esquecidos pelos indivíduos, em nosso caso específico, pelos educandos. Consideramos que este momento de abertura do baú consiste em uma vivência fértil para todo educador. É um momento mágico, cheio de sentido. Por isso, é necessário estar apto a realizar cada passo da técnica com moderação e muita concentração.

Apoiando-se nas considerações de Barros (2008), os objetos têm alma e falam. Não só falam, eles se intercomunicam; possuem o poder de conservar nossa história, nosso passado, nossas emoções e sensibilidades, enfim servem para despertar os lados ocultos, obscuros ou desconhecidos, como já afirmamos anteriormente.

Portanto, o educador do ensino religioso precisará construir um baú simbólico com base no objetivo que deseja alcançar com seus educandos. Sendo assim, sugerimos alguns objetos a serem selecionados, no entanto, ressaltamos que cada educador deve criar e construir o seu próprio baú, de acordo com a aplicabilidade e intencionalidade que a técnica possui. Os objetos podem ser selecionados de modo diversificado que remetam às diversas fases da vida, como, por exemplo, infância, adolescência ou fase adulta, e também que aludam a temas relacionados à religião, educação, política, cultura, economia, ou algum outro que se deseje enfatizar; devendo os objetos possuir um tamanho proporcional ao baú, de modo que só sejam vistos quando o baú for aberto e os educandos começarem a retirá-los.

Vejamos algumas sugestões:

- Pode-se fazer uso de peças de artesanato ou que remetam à cultura popular, tais como boneca de pano, chapéu de couro, chocalho, boi, sombrinha de frevo, bonecas de palha de milho, pião, carrinhos de variados tipos (plástico, madeira, lata, ferro).

- É possível usar fotografias antigas, porta-retrato, relógio de modelo antigo, despertador, máquina fotográfica, câmera digital, bola de gude, vidros de perfume vazios, vidro de esmalte, vela, vela de aniversário, bilhete de passagem de ônibus, agenda, diário, gibi

- Também utilizar CDs, disquetes, cartões de crédito, carnê de pagamento quitado, medalha, chaves, parafusos, aparelho de celular antigo, livros, romances, canetas, lápis, grafite, borrachas, botão, pente, selos de carta, carta de baralho, broche (*bottons*).

- Pode-se colocar um casal de noivos em miniatura, luva de noiva, bolo de aniversário em miniatura, bonecos de plástico, estilingue, pipa, chupeta, terço ou rosário, Bíblia ou outro livro sagrado, véu, santos, imagem de Buda, cristais, símbolos da Primeira Eucaristia, bilhete de entrada de cinema.

- Ou ainda, nota de dinheiro antiga, moeda, lápis de cor, carretel de linha, bicicleta e chapéus em miniatura, óculos, cinto, boletim de notas, mamadeira, concha do mar, barco em miniatura, frutas em miniaturas, e mais uma infinidade de objetos.

Salientamos que estes objetos devem ser acrescentados no baú de acordo com a realidade de cada sala de aula e considerando a faixa etária dos educandos, bem como a temática a ser desenvolvida pelo educador. Por isso, é imprescindível que o educador, ao preparar o plano de aula e estabelecer o objetivo a ser alcançado, busque objetos que estejam relacionados com o tema a ser desenvolvido.

Entendemos que tanto o contexto da temática no qual a técnica será aplicada quanto a própria realidade vivenciada pelo educador vão levar à seleção de vários outros objetos, pois essas são condições que podem de alguma forma interferir na seleção, separação ou inclusão de objetos.

O importante é perceber que o baú estará sempre em processo de modificação, ou seja, poder-se-á preenchê-lo com novos objetos ou ainda substituir os que já estão lá. Tudo vai depender do contexto e do objetivo a ser trabalhado na sala de aula. Por exemplo, se a ênfase for religião, é possível adicionar objetos simbólicos que suscitem esse tema, tais como: terço, crucifixo, livros sagrados, véu, vela, cálice, incenso, oratório, santinhos, búzios, mandalas, pedras, boletim litúrgico de algumas religiões, imagens de santos, de Buda e outros.

Esclarecemos que a construção do baú de símbolo lo é um processo contínuo, que sofrerá modificações, de acordo com a meta estabelecida, e uma de suas características fundamentais é despertar, provocar e suscitar a curiosidade, ativar a imaginação simbólica.

O registro das imagens

Existe um sentido simbólico que frequentemente adota a forma de narrativa, expressando a dimensão do real. Nesse aspecto, avaliamos o ser humano como um ser de relações que desde os primórdios se articula com o outro, com o mundo, com si mesmo e com o transcendente em suas diversas manifestações. Segundo Ferreira-Santos (2004): "nós somos os portadores da palavra e não seus produtores. É dádiva divina o poder de nomear as coisas". E isso acontece ao identificarmos um objeto simbólico do baú e lhe darmos nome, darmos sentido ao que ele manifesta. Por isso, torna-se necessário, para a execução desta etapa, desenvolver as três "faculdades do entendimento" sociocultural, inerentes ao modo de conhecer e registrar as informações para uma melhor compreensão dos dados observados e registrados, as quais são propostas por Oliveira (2000, p. 17): olhar, ouvir e escrever.

Quanto ao olhar, a primeira faculdade que estaremos desenvolvendo, desconfiamos que a experiência primordial esteja na domesticação teórica do olhar. Afirmamos isso porque, a partir do momento em que o educador se sente preparado para a investigação empírica, o objeto sobre o qual dirige o olhar, o baú simbólico, bem como os objetos simbólicos que os educandos escolherão, poderá ser previamente alterado pelo próprio modo como esse educador irá visualizá-lo.

Segundo Oliveira (2000, p. 17), seja qual for esse objeto, ele não escapa de ser assimilado pelo esquema conceitual da disciplina formadora, ou seja, pela nossa maneira de ver a realidade enquanto observador no momento da pesquisa. Esse esquema conceitual, disciplinadamente apreendido durante o nosso itinerário acadêmico e científico, de alguma forma, poderá funcionar como uma espécie de prisma, por meio do qual a realidade observada sofre um processo de refração.

Esclarecemos que isso não é exclusivo do olhar, uma vez que está presente em todo processo de conhecimento, envolvendo, portanto, todos os atos cognitivos. Contudo, é certamente no olhar que essa refração poderá ser compreendida.

Surge assim a questão: Como perceber, apenas pelo olhar, o significado dessas relações, que são suscitadas ao se tocar ou retirar um objeto do baú, sem conhecer profundamente a realidade dos educandos? Como ter acesso aos sistemas simbólicos despertados?

Para chegar à estrutura dessas relações, dessas imagens despertadas, o educador deverá valer-se de um olhar atento e da observação sensível dos fatos, tal como Durand orienta, para registrar o que está realmente acontecendo e não o que acha correto.

Em seguida, necessitará ouvir, com o intuito de captar as palavras, os gestos e as emoções que envolvem o momento de abrir o baú, de pegar e selecionar o objeto a ser tocado. Evidentemente, tanto o ouvir como o olhar não podem ser tomados como faculdades totalmente independentes no exercício da investigação. Ambas complementam-se e servem como muletas (OLIVEIRA, 2000, p. 19).

É nesse ímpeto de conhecer que o ouvir, complementando o olhar, participa das mesmas precondições deste último. Ressaltamos que a escuta necessita de eliminar todos os ruídos que lhe pareçam insignificantes, isto é, que não façam nenhum sentido no *corpus* teórico. Então, é necessário que o educador, durante o processo da escuta, registre o que estiver relacionado ao objetivo de sua aula, e, para isso, precisa eliminar os ruídos, aquilo que é desnecessário, e se deter apenas no essencial.

Desse modo, reafirmamos que, apenas pelo olhar, o registro das observações fica incompleto, faltando a plena compreensão do sentido que estes objetos simbólicos despertam no educando. Assim, a obtenção de explicações fornecidas pelos próprios educandos poderá oferecer maiores esclarecimentos. Por isso, torna-se imprescindível na realização da técnica desenvolver também a faculdade de ouvir de forma favorável ao estudo, para coletar os dados relativos ao objetivo que o educador deseja alcançar. Logo, é necessário que o educador registre o que ouviu, seja por escrito, em um caderno de anotaçõs, seja através de equipamentos de gravação, de forma que as explicações fornecidas fiquem registradas para ampliação da compreensão que será feita.

Ao desenvolver essas faculdades, o educador passará então para a etapa seguinte, que consiste em analisar o que escreveu, o que foi captado. Assim, lembramos a necessidade de possuir um caderno para fazer esse registro, que chamamos no contexto etnográfico de "diário de campo", no qual será escrito tudo o que foi observado e escutado no decorrer da aplicação da técnica.

Para registrar as observações das imagens motrizes, a partir dos gestos/emoções revelados tanto no momento que os educandos entraram em contato com os objetos distribuídos quanto no modo como se relacionaram com eles, pensamos ser preciso desenvolver algumas funções da consciência.

Segundo Jung (1981), há quatro funções da consciência que podem ser vistas como formas de orientação da própria consciência. São elas: pensamento, sentimento, sensação e intuição. Em seguida, essas quatro funções foram divididas em racionais (pensamentos e sentimentos) e irracionais (sensação e intuição).

Esclarecemos aqui, de forma sucinta, que *pensamento* é o conteúdo da função de pensar. É aquela função psicológica que estabelece conexões e permite reconhecer o significado. *Sentimento* é o conteúdo ou material da função de sentir, mediante a discriminação de um sentir determinado. É um processo que se verifica entre o eu e um dado conteúdo, indicando um valor. É também uma espécie de critério julgador.

Já a *sensação* consiste em uma função psicológica que transmite um estímulo físico percebido, estabelecendo aquilo que está presente na realidade. A *intuição* é a função psicológica que se ocupa em transmitir percepções por meio do inconsciente. Na intuição qualquer conteúdo é transmitido como um todo coeso, aponta possibilidades: de onde vem, para onde vai.

A partir destas considerações, caberá ao educador registrar de forma descritiva, em seu diário de campo ou em um caderno de anotações, o que foi observado durante a abertura do baú simbólico. A utilização do tempo é um dos fatores principais a ser trabalhado. É provável que a aplicação da técnica leve cerca de duas horas, por isso nada de pressa. Dedique o tempo necessário à realização de todos os passos, com muita calma e concentração.

Este é um momento fértil, que pode ser bastante explorado, tendo como base o efeito que os objetos simbólicos provocaram nos alunos, ao serem descobertos, tocados, visualizados.

Consideramos esse momento mágico, deslumbrante, rico, no qual se torna possível captar todas as emoções provocadas nos educandos. Por isso, caberá ao educador estar consciente de cada passo para desenvolver a atenção, serenidade e sensibilidade, como instrumentos fundamentais, no momento da observação, da escuta e do registro das observações.

Atividade 3

1. Sugerir novas formas de preparação da sala de aula para receber os educandos.

2. Criar uma lista de objetos simbólicos que ainda não foram usados e que poderão ser trabalhados em sala de aula, principalmente contemplando a diversidade de símbolos religiosos.

Referências sugeridas

BARROS, João de Deus Vieira (org.). *Imaginário e educação*; pesquisas e reflexões. São Luis: EDUFMA, 2008.

DURAND, Gilbert. *As estruturas antropológicas do imaginário*. 2. ed. São Paulo: Martins Fontes, 2001.

FERREIRA-SANTOS, Marcos. Cultura imaterial e processos simbólicos. *Revista do Museu de Arqueologia e Etnologia*, São Paulo, v. 14, pp. 139-151, 2004.

_____. A sacralidade do texto em culturas orais. *Diálogo – Revista de Ensino Religioso*, São Paulo, v. IX, n. 35, pp. 14-18, ago. 2004.

OLIVEIRA, Roberto Cardoso de. O trabalho do antropólogo: olhar, ouvir, escrever. In: OLIVEIRA, Roberto Cardoso de. *O trabalho do antropólogo*. 2. ed. São Paulo: Unesp/Paralelo 15, 2000. pp. 17-36.

Capítulo 4
A descrição imagética

Neste capítulo propomos que se comentem os afetos despertados em alguns educandos, a partir da seleção de objetos que fizeram, quando foi efetuada a abertura do baú de símbolos. Ou seja, que se mencione o que cada símbolo selecionado evocou nos educandos, realizando, assim, a última etapa da técnica de ensino proposta, com base no que foi escrito no relato dos educandos e na observação realizada pelo educador, durante toda a aplicação da técnica de ensino.

Portanto, compreendemos o termo *imagética* como o conjunto de imagens mentais e materiais que se apresentam como representações do real, tais como os objetos/coisas representadas.

Esclarecemos que o trabalho da imaginação individual não pode ser entregue à iniciativa de uma subjetividade fantasiosa. As imagens inconscientes e conscientes obedecem a regras e a estruturas que regem a sintaxe e a semântica das imagens. Portanto, cada indivíduo organiza as suas fantasias, seus sonhos e mitos pessoais, servindo-se de dispositivos criadores (símbolos, regras lógicas etc.), que permitem construir mundos imaginários coerentes, dotados de temáticas redundantes (WUNENBURGER; ARAUJO, 2003).

Nesse sentido, é possível identificar, no momento da descrição, o que os educandos sentiram ao olhar e/ou tocar o objeto simbólico e fazer uma análise exaustiva da simbologia desse objeto, pois consideramos que o símbolo é a representação de um objeto ausente, visto ser a comparação entre um elemento dado e um elemento imaginado, como afirma Piaget (1978). E como nos afirma Ferreira-Santos (2004), "a palavra é a energia que constitui todas as coisas [...]". E esta palavra verbalizada, esta energia constituída pelo educando ao tocar, sentir o objeto simbólico, é carregada de símbolos, é cheia de vida e do sentido que o objeto evocou, provocou e despertou.

Portanto, reafirmamos que, ao se identificar com um símbolo, o educando não só se abre a um mundo objetivo, como também consegue sair de uma situação particular, individual e alcançar uma compreensão do universal, ou seja, isso implica uma abertura para o espírito, um acesso ao universal, pois os símbolos atingem dimensões que a razão não consegue.

Passaremos agora a apresentar alguns dos afetos que os objetos simbólicos provocaram e a maneira como formaram a ambiência simbólica na sala de aula, com base em algumas falas dos educandos, durante o registro de observação, após aplicação da técnica e efetuada a análise. Vejamos:

- *Chocalho*: "O som do chocalho me levou ao sertão, quando tangia o gado, levava a alimentação para o gado... ia tangendo, conduzindo eles... Cortava a palma... ainda posso sentir o cheiro do espaço em que vivi...".

Essa pessoa descreveu um momento de trabalho e de divertimento, em que cumpria uma tarefa e também se entretinha tangendo o gado. "Era gostoso", disse ela. A obrigação de realizar a atividade não a impede de se divertir e de vivenciar cada momento, o que a leva de volta ao espaço simbólico que viveu no aconchego familiar... Sente o cheiro de novo... O olfato evoca imagens mentais, suscitando emoções por ela vividas.

Ressaltamos também a posição postural dessa pessoa: a relação força/enfrentamento tem a ver com o regime diurno, o guerreiro, com as imagens do gesto postural, que corresponde ao esquema da verticalização ascendente: em pé, ela anda, tange o gado, corta palma, enfrenta o trabalho. Por outro lado, revela um momento lúdico, que corresponde ao regime noturno, quando o cansaço, o trabalho, é eufemizado ao se fazer relação com o aconchego do lar: "sinto o cheiro do espaço que vivi"; a saudade é despertada.

Destacamos ainda que o boi, o gado, segundo Chevalier e Gheerbrant (2002, p. 136), é um símbolo de bondade, de calma, de força pacífica, e pode desempenhar também o papel de herói civilizador, o que leva a perceber que as lembranças adormecidas remetem à dicotomia simbólica entre a conquista e a calma.

- *Bolo de casamento em miniatura*: "Lembrei a separação de meus pais (lágrimas...). Quando eles decidiram se separar, num dia de domingo, fomos almoçar todos juntos: meu pai, minha mãe, uma irmã e eu, e em minha mente havia o entendimento de que não veria mais a minha família unida, não almoçaríamos mais juntos, não haveria mais as brincadeiras, as lutas. Ouvir aquelas palavras era como se fosse um ladrão roubando de mim a vida; é assim que vejo minha família, a minha vida. Naquele domingo, eu observava outras famílias também presentes, para juntas fazerem a refeição, e eu dizia a mim mesma: 'Não posso e não quero perder a minha...', e não desejo que isso aconteça comigo; eu olhei para o bolo e me veio a recordação do maior combate da minha vida, o mais doloroso, mas também o mais belo. Eu vivia, naquele momento, a experiência de sentir e ver aqueles dias e, mesmo que lutasse contra, a emoção externada em lágrimas era muito maior do que eu. Pegar o bolo foi viver novamente a dor e a vitória; ver o bolo era ver a minha história...".

A dor da lembrança é muito forte para essa pessoa, no entanto, ao refletir sobre o casamento, ela mesma rejeita a dor da separação e se dispõe a enfrentar uma nova realidade, pois a angústia, a morte, a perda, a destruição da família, não a intimida, ou seja, ela cria uma situação nova relacionada à área afetiva, coloca-se na posição de combate, de enfrentamento, diante da angústia e da morte: "não desejo que isso aconteça comigo". O gesto postural predomina: a verticalização ascendente, em pé, em marcha.

Segundo Jung, o casamento simboliza, no curso do processo de individualização ou de integração da personalidade, a conciliação do inconsciente, princípio feminino, com o espírito, princípio masculino. O casamento simboliza a origem divina da vida, da qual as uniões do homem e da mulher não são senão receptáculos, instrumentos e canais transitórios. Ele se inclui entre os ritos de sacralização da vida (CHEVALIER; GHEERBRANT, 2002, p. 197). Essa acredita e deseja vivenciar o casamento como símbolo da vida.

- *Óculos*: "Na fase de alfabetização escolar, aos seis anos de idade, eu tinha dificuldades na aprendizagem. Não conseguia aprender a ler e escrever, não acompanhava o ritmo da turma, e isso fez com que eu fosse reprovada, gerando um sentimento profundo de angústia, inferioridade e isolamento... Me sentia paralisada. Eu não enxergava bem e ninguém sabia, inclusive meus pais. Posteriormente, foi detectado o problema de visão, ah!, quando coloquei os óculos, foi a libertação da angústia que sofria!".

A pessoa foi reprovada por não conseguir enxergar bem, o que representou a sua fragilidade. Mas, ao colocar os óculos, assumiu uma nova postura e venceu a dificuldade. Mostrou-se pronta para o confronto, e se dispôs à luta. Os óculos ultrapassaram, assim, sua função imediata de mero instrumento de correção visual, e passaram a significar uma arma de ataque, de defesa, no espaço escolar.

Nesse sentido, entendemos que o humano se faz humano necessariamente na relação com o outro, pois, como nos inspira Paulo Freire (1996), o ser humano nasce inacabado e é preciso um processo de construção para que se torne humano. "Na verdade, o inacabamento do ser ou sua inclusão é próprio da experiência vital. Onde há vida, há inacabamento" (1996, p. 55). Sendo assim, contemplamos o espaço escolar enquanto um local propício para a vivência de relações interpessoais, que, por meio da linguagem escrita e oral, promove a construção do saber e a imaginação simbólica.

A abertura dos olhos é um rito de abertura ao conhecimento, um rito de iniciação, segundo Chevalier e Gheerbrant (2002, p. 654). O olho, de modo natural e quase universal, consiste no símbolo da percepção intelectual, do conhecimento, do enxergar, do ver. Assim, analisamos a fala deste sujeito a respeito dos óculos, relacionando a Teoria do Imaginário principalmente com os símbolos espetaculares, próprio do regime diurno das imagens, onde encontramos o valor simbólico intelectual e moral do olho. Ver é saber.

- *Boneca de pano*: "Me lembrei de um grupo de senhoras que eram irmãs carmelitas... Eu passava muito tempo com elas, e elas faziam muitas bonecas de pano para dar às crianças carentes. Era tão gostoso ficar horas observando-as...".

Esse reviver foi emocionante, pois essa pessoa revelou seu lado familiar. O refúgio que tal lugar representava para ela: um lugar de abrigo, seguro, onde presenciava as mulheres criando e transformando panos em bonecas, que passariam a servir de brinquedo para muitas crianças carentes.

"Era tão gostoso ficar horas observando-as." Esse prazer de observar a transformação de vários tecidos, de retalhos, em uma boneca de pano, juntamente com toda a criatividade da arte manual das mulheres, era o que fascinava essa pessoa: a transformação do caos em criação, do vazio em um todo, completo, de vida; os retalhos, a agulha, a linha, a arte de pensar e criar. A boneca de pano causava um grande fascínio na sua vivência cotidiana. Diante do caos, ela sabia que ainda havia uma luz no fim do túnel.

- *Trapezista de madeira*: "Me imaginei no trapézio, lá em cima. O trapézio exige força, coragem, separa os limites do corpo e da mente...".

O trapézio representa força para sair da situação atual e subir... Essa pessoa busca esse lugar para encontrar uma saída, diante da angústia. O trapézio é um apelo ao movimento. É sempre visível no arquétipo do herói a busca de uma ascensão, sendo aqui representada de forma simbólica. Os símbolos ascensionais ligam-se à questão da verticalização, da elevação, sendo que o instrumento ascensional, por excelência, é, de fato, a asa, com o atributo de voar, segundo Durand (2001, p. 92). O trapézio, para essa pessoa, é um momento de ascensão, de voo, de subida.

- *Cavalo em miniatura (de plástico)*: "Remeteu a minha infância... Andava muito de cavalo, o desbravar, a aventura, a liberdade da alma, do corpo e da mente que vivenciei quando era criança...".

A pessoa realiza uma ação heroica vitoriosa, com a função de guerrear, de desenvolver seu espírito de aventura, o que a leva a enfrentar as situações mais adversas que pudessem acontecer, anunciando o regime diurno, através de sua estrutura heroica. Ela domina o cavalo e o conduz, para desbravar, ir em busca da aventura. E nesse encontro de conhecido e desconhecido, de domar e se libertar, de enfrentar e se aventurar, da alma e do corpo, as polaridades se manifestam nesta dicotomia humana.

O cavalo é filho da noite e do mistério. Esse cavalo arquetípico é portador de morte e de vida, a um só tempo. Ligado ao fogo destruidor e triunfador, representa a impetuosidade do desejo humano. "O cavalo passa com igual desenvoltura da noite ao dia, da morte à vida, da paixão à ação. Religa, portanto, os opostos numa manifestação contínua" (CHEVALIER; GHEERBRANT, 2002, p. 211).

- *Peças de quebra-cabeça*: "Brinquei muito na minha infância... Gosto muito, pois exige paciência, determinação e conquista...".

Nesse sentido, "o jogo para o personagem é fundamentalmente um símbolo de luta, luta contra a morte, contra as forças hostis, contra si mesmo, o medo, a fraqueza" (CHEVALIER; GHEERBRANT, 2002,

p. 518). Mesmo que a pessoa se utilize da paciência, uma das características do regime noturno é o eufemismo, a lentidão, ou seja, o inverso da agitação ou da movimentação. Ela convive de forma pacífica com as peças do jogo e tenta colocar em ordem o que lhe exige determinação e paciência.

- *Estilingue, atiradeira*: "Esse objeto me leva à infância... usava-o com duas finalidades: instrumento de defesa e de brincadeira... O velho tempo de pastoreio, força de vida e de vitória; a vida expressa na defesa dos bens materiais: 'o pastoreio'; e a vitória expressa pela brincadeira de descrever ('substituindo a caneta pelo cabo do estilingue e o papel pela terra molhada')... A esperança no futuro promissor e feliz".

O estilingue, para esse indivíduo, serve como instrumento de ataque e de defesa, encaminha o imaginário para o regime diurno, quando anuncia a presença do símbolo de defesa, de ataque, característico de uma estrutura heroica: "A vida expressa na defesa dos bens materiais, 'o pastoreio'".

Como símbolo de bravura, de enfrentamento, o estilingue representa o poder, e tem duas funções, seja de defesa, seja de brincadeira, ao ir à caça, representando o poder e a força de realização, diante de sua forma de enfrentar a angústia e a morte.

Como símbolo do regime noturno, remete ao deleite, ao prazer da aventura e do enfrentamento. As aspirações sonhadas, agora, ganham vida real, quando o estilingue, que propiciava sua brincadeira preferida: materializando as asas da imaginação, feria a terra molhada com o seu cabo e transcrevia nela – a terra molhada – histórias e poemas, repletos de ternura e alegrias, antevendo realizações futuras. "... ('substituindo a caneta pelo cabo do estilingue e o papel pela terra molhada')... A esperança no futuro promissor e feliz".

Esclarecemos que aplicamos esta técnica colocando vários tipos de brinquedos no baú simbólico: artesanais, industriais, antigos e modernos, com o objetivo de identificar que afetos esses objetos provocariam.

A recuperação imagética dos objetos colocados dentro do baú nos remeteu a um imaginário e a uma história do próprio objeto, como também a sonhos adormecidos e lembranças, despertados em quem os tocou, fazendo surgir lados ocultos. Foi fantástico perceber essa troca simbólica.

Depois do registro de algumas falas que descrevemos em nossa análise, a partir da aplicação da técnica e dos símbolos retirados de dentro do baú, foi possível perceber que, entre uma representação e uma atitude humana, podem ser identificados dois universos antagonistas: diurno e noturno, que são produzidos pela tensão entre as duas forças de coesão. Por conseguinte, aparecem as imagens de enfrentamento, de luta contra as trevas, própria do regime diurno, ou então aparecem imagens cheias de eufemismo, próprias do regime noturno. Desse modo, compreendemos a maneira como os símbolos se organizam, formando uma constelação de imagens estruturadas nos regimes, conforme ressalta Durand (1980) nas estruturas antropológicas do imaginário.

Atividade 4

1. Construir um baú com diversos símbolos religiosos, contemplando a pluralidade do fenômeno religioso. Acrescentar também símbolos que não sejam religiosos. Ao aplicar a técnica proposta, buscar descrever que afetos os símbolos religiosos evocam nos educandos.

2. Verificar se os educandos conhecem todos os símbolos religiosos utilizados no baú de símbolos e quais são os mais conhecidos.

Considerações finais

A observação dos gestos, das emoções e a análise dos relatos, efetuadas durante a técnica do baú de símbolos, revelam a predominância de dois universos, que remetem a dois regimes: o diurno e o noturno. Estes se caracterizam por uma atitude imaginativa que ora valoriza os aspectos de luta e combate, com seu simbolismo heroico, ora os aspectos decorrentes de um eufemismo, místico ou dramático.

No entanto, ressaltamos que por vezes a imaginação inverte os valores simbólicos atribuídos e o indivíduo recorda-se de desejos realizados ou reprimidos, como confirma alguns dos relatos registrados durante a observação. Por isso, a necessidade de o educador, ao aplicar a técnica, saber desenvolver bem as três faculdades: olhar, ouvir e escrever, pois são fundamentais.

Registramos também que a aplicação da técnica do baú de símbolos na sala de aula despertou a curiosidade e a concentração dos educandos. Todos eles ficaram atentos à abertura do baú, que se constituiu em um momento de grande suspense.

Portanto, entendemos como é relevante o papel do educador no ato da observação. É necessário que ele perceba que o baú de símbolos, colocado no centro da sala de aula, em certa medida desvela como cada educando relaciona-se com os objetos simbólicos, seja desejando a sua abertura para descobrir o que existe ali dentro, seja revelando certo temor diante de sua abertura, por desconhecer o que encontrará lá.

No entanto, é imprescindível observar este comportamento, pois a surpresa acontece quando o baú é aberto, é retirado um símbolo e o educando se identifica com ele, descrevendo seus sentimentos adormecidos, diante da variedade de símbolos presentes.

Pela análise efetuada a partir do registro das falas dos educando, ao se identificarem com um objeto que foi retirado do baú de símbolos, concordamos com Durand (2001, p. 41), quando diz que "partimos de uma concepção que postula o semantismo das imagens, o fato de elas não serem signos, mas, sim, conterem materialmente, de algum modo, o seu sentido". Este caráter simbólico fica bastante claro, quando descrevemos a reação dos educandos ao se identificarem com o objeto, trazendo na sua descrição uma carga simbólica bastante fecunda.

Esclarecemos que, ao realizar esta técnica e se utilizar do uso dos símbolos na sala de aula, é possível, sim, perceber que os símbolos sempre carregam um significado profundo. Por isso, a necessidade de construir este espaço na sala de aula, para evocar, despertar o seu significado misterioso, que pode ser manifestado através da imaginação simbólica e da sua verbalização.

Referências

ARAUJO, Alberto Filipe; BAPTISTA, Fernando Paulo (coord.). *Variações sobre o imaginário*; domínios, teorizações, práticas hermenêuticas. Lisboa: Instituto Piaget, 2003.

BACHELARD, G. *A poética do devaneio*. São Paulo: Martins Fontes, 1997.

BARROS, João de Deus Vieira (org.). *Imaginário e educação*; pesquisas e reflexões. São Luis: EDUFMA, 2008.

BARROS, Manoel. *O guardador de águas*. 6. ed. Rio de Janeiro: Record, 2009.

BETCHERREV, W. *General principles of human reflexology*. Londres, 1933.

CASSIRER, Ernest. *Ensaio sobre o homem*; introdução a uma filosofia da cultura humana. São Paulo: Martins Fontes, 1997.

CHAVES, Iduina Mont'Alverene. *Vestida de azul e branco como manda a tradição*; cultura e ritualização na escola. Niterói/RJ: Quartet/Intertexto, 2000.

CHEVALIER, Jean; GHEERBRANT, Alain. *Dicionário de símbolos, mitos, sonhos, costumes, gestos, formas, figuras, cores, números*. 17. ed. Rio de Janeiro: José Olympio, 2002.

DURAND, Gilbert. *L'Âme Tigrée*. Paris: Denoel, 1980.

_____. *A imaginação simbólica*. Trad. Eliane Fitipaldi Pereira. São Paulo: Cultrix, 1988.

_____. *L'Imaginaire*; essai sur les sciences et la philosophie de l'image. Trad. José Carlos de Paula Carvalho e rev. técnica Marcos Ferreira Santos. Paris: Hatier, 1994.

_____. *As estruturas antropológicas do imaginário*. 2. ed. São Paulo: Martins Fontes, 2001.

_____. *O imaginário*; ensaio acerca das ciências e da filosofia da imagem. Trad. Tené Eve Levié. 3. ed. Rio de Janeiro: Difel, 2004.

ELIADE, Mircea. *Imagens e símbolos*; ensaio sobre o simbolismo mágico-religioso. Trad. Sonis Cristina Tamer. São Paulo: Martins Fonstes, 2002.

FERREIRA-SANTOS, Marcos. Cultura imaterial e processos simbólicos. *Revista do Museu de Arqueologia e Etnologia*, São Paulo, v. 14, pp. 139-151, 2004.

_____. A sacralidade do texto em culturas orais. *Diálogo – Revista de Ensino Religioso*, São Paulo, v. IX, n. 35, pp. 14-18, ago. 2004a.

_____; ALMEIDA, Rogério. *Aproximações ao imaginário*; bússola de investigação poética. São Paulo: Editora Kepos, 2012.

_____; GOMES, Eunice Simões Lins (org.). *Educação e religiosidade*; imaginários da diferença. João Pessoa: Editora UFPB, 2010.

FREIRE, Paulo. *Pedagogia da autonomia*; saberes necessários à prática educativa. São Paulo: Paz e Terra, 1996.

GIRARD, Marc. *Os símbolos na Bíblia*; ensaio de teologia bíblica enraizada na experiência humana universal. Trad. Benôni Lemos. São Paulo: Paulus, 1997.

GOMES, Eunice Simões Lins. *A catástrofe e o imaginário dos sobreviventes*; quando a imaginação molda o social. 2. ed. João Pessoa/PB: Editora UFPB, 2010.

_____. A palavra ação de Jesus: uma mitocrítica do Evangelho de Marcos. In: POSSEBON, Fabricio (org.). *O evangelho de Marcos*. João Pessoa/PB: Ed. UFPB, 2010, pp. 9-23.

GOMES-DA-SILVA, Pierre Normando; GOMES, Eunice Simões Lins. *Malhação*; corpo juvenil e imaginário pós-moderno. João Pessoa: Editora UFPB, 2010.

JUNG, Carl Gustav. *Tipos psicológicos*. 4. ed. Rio de Janeiro: Zahar, 1981.

_____. *Sincronicidade*. 3. ed. Petropólis: Vozes, 1988.

KAST, Verena. *Sísifo, a mesma pedra, um novo caminho*. São Paulo: Cultrix, 1992.

KOSTYLEFF, N. *La reflexologie. Essai d'une psychologie structurale*. Delachaux: Paris, 1947.

LOUREIRO, Altair Macedo Lahud (org.). *O velho e o aprendiz*; o imaginário em experiências com o AT-9. São Paulo: Zouk, 2004.

MARDONES, José María. *A vida do símbolo*; a dimensão simbólica da religião. Trad. Euclides Martins Balancin. São Paulo: Paulinas, 2006.

NASSER, Maria Celina Cabrera. *O uso dos símbolos*; sugestões para a sala de aula. São Paulo: Paulinas, 2006. (Coleção Temas do Ensino Religioso.)

OLIVEIRA, Roberto Cardoso de. O trabalho do antropólogo: olhar, ouvir, escrever. In: OLIVEIRA, Roberto Cardoso de. *O trabalho do antropólogo*. 2. ed. São Paulo: Unesp/Paralelo 15, 2000. pp. 17-36.

PIAGET, Jean. *A formação do símbolo na criança:* imitação, jogo e sonho, imagem e representação. Trad. Álvaro Cabral e Christiano Monteiro Oiticica. 3. ed. Rio de Janeiro: Zahar Editores, 1978.

PITTA, Danielle Perin Rocha (org.). *Ritmos do imaginário*. Recife/PE: Editora UFPE, 2005.

_____. *Iniciação à teoria do imaginário de Gilbert Durand*. Rio de Janeiro: Atlântica, 2005a.

TEIXEIRA, Maria Cecilia Sanchez. *Discurso pedagógico, mito e ideologia*; o imaginário de Paulo Freire e de Anísio Teixeira. Rio de Janeiro: Quartet, 2000.

_____. *Entre o real e o imaginário*; processos simbólicos e corporeidade. Rio de Janeiro: Espaço informativo técnico-científico do INES, 2004.

_____; ARAUJO, Alberto Filipe. *Gilbert Durand*; imaginário e educação. Niterói: Ed Intertexto, 2011.

WUNENBURGER, Jean-Jacques; ARAUJO, Alberto Filipe. *Educação e imaginário*; introdução a uma filosofia do imaginário educacional. São Paulo: Cortez, 2006.

Impresso na gráfica da
Pia Sociedade Filhas de São Paulo
Via Raposo Tavares, km 19,145
05577-300 - São Paulo, SP - Brasil - 2013